I0174091

RECUEIL DE POÉSIES

ou

PIÈCES FUGITIVES,

DE

M. le Chevalier de Cource,

ANCIEN CAPITAINE D'INFANTERIE,

Pensionné par LOUIS XVI, le 25 août 1789;

AVEC

Une collection de différentes Lettres, qui ont été écrites à l'auteur par des Princes du sang, par des Ministres Secrétaires d'État, et autres personnes de distinction;

dédié

A S. M. CHARLES X,

Modèle des Chevaliers Français.

BIBLIOTHÈQUE ROYALE

Aurillac,

CHEZ FERARY, MARCHAND-LIBRAIRE,

CHARGÉ D'EN FAIRE LA DISTRIBUTION AU BÉNÉFICE DES PAUVRES, DÉDUCTION FAITE DES FRAIS D'IMPRESSION.

Cinq exemplaires ont été déposés conformément à la Loi.

DE L'IMPRIMERIE DE PICUT.

PRÉFACE.

LES vertus et les qualités aimables de CHARLES X m'ont inspiré l'idée de lui dédier mes faibles essais. Le début de son règne m'a déjà convaincu qu'on peut le prendre pour le modèle des chevaliers français. En effet, à l'exemple de François Ier, il protégera les arts et les belles lettres; comme Louis XII, il s'est démontré déjà l'ami du peuple par son amabilité et par sa bonté; comme Henri IV, il en sera le père. Si, comme Louis XIV, il n'a pas eu la gloire des conquêtes, il en aura du moins la générosité et la magnificence. A mon avis, il pourra égaler Louis XVI en bienfaisance, et imitera la sagesse et l'équité de Louis XVIII.

Qu'il me soit permis d'augurer que, sous son heureux règne, CHARLES X fera oublier à tous les bons Français les maux et les désordres affreux occasionnés par l'hydre révolutionnaire.

Le Ciel, en protégeant la France, a conservé CHARLES X, que je peux appeler à juste titre le preux bienfaisant, défenseur de la cause du faible, et le régénérateur de la chevalerie française. CHARLES X est le trente-cinquième roi de la race des Capétiens et le soixante-neuvième depuis Pharamond. Fasse le Ciel qu'il règne longues années pour le bonheur des Français! En rétablissant l'ordre et l'union dans toutes les parties de son royaume, il anéantira tout esprit de faction; son règne sera immortel, puisqu'il aura su régner, par ses bienfaits et sa popularité, sur les cœurs de tous les bons Français.

AVANT-PROPOS.

J'AURAIS bien désiré pouvoir donner une relation de mes voyages dans le Nouveau Monde, ayant parcouru en entier les Indes occidentales, le Continent et les Antilles, à laquelle j'aurais pu joindre une description des mœurs, coutumes et productions des deux parties de l'Amérique septentrionale et méridionale, depuis le cinquantième degré de latitude nord, jusqu'auprès de l'équateur; mais ne pouvant pas voir sous ma plume, à cause de mon état de cécité, les objets que j'avais à relater, j'aurais eu à craindre des omissions essentielles, ou des confusions dans les phrases, et des transpositions dans certains articles. Des imperfections pareilles, qui ne sont pas pardonnables, m'ont fait renoncer définitivement à mon projet.

Je réclame l'indulgence du lecteur, s'il trouve des incorrections dans mes faibles

essais, n'ayant pu en corriger les défauts
à cause de mes infirmités, contractées par
trop d'application à la lecture ; ayant em-
ployé beaucoup de veilles à feuilleter Bezout
et Lacaille dans leurs calculs les plus abs-
traits et dans les plans de géométrie et tri-
gonométrie, ou à l'étude des langues étran-
gères ; ayant de plus passé beaucoup de
nuits au bivouac : toutes ces circonstances
m'obligèrent de repasser les mers et de re-
venir en France, pour conserver un œil qui
me restait, et que je perdis en 1790, deux
ans après ma retraite.

Première Partie

POÉSIES

DIVERSES ET FUGITIVES.

Quatrains demandés à M. le chevalier DE COURS, *par Mademoiselle* Iphigénie de MÉALLET de FARGUES, *sur son petit bosquet à Fargues.*

Air : *Charmantes fleurs.*

QUOI! vous voulez avoir tant d'indulgence,
En agréant que j'ose vous servir;
Je n'en veux point une autre récompense,
Je suis heureux si je puis réussir.

Charmant bosquet, que la belle nature
A su parer de beaucoup d'agrémens:
Vous le voyez ce bois et sa verdure,
Et s'embellir et croître tous les ans.

Mais aux beautés qu'on trouve en ce bocage
Manquent les ris, les grâces, les appas;
On ne sent rien assis sous le feuillage,
Point de plaisirs quand vous n'y êtes pas.

Charmans objets, douceur de notre vie,
Grâces et ris, je cherche en ce lieu-là :
Venez l'orner, aimable Iphigénie,
Sans plus chercher, j'ai trouvé tout cela.

Couplet demandé à l'auteur par son épouse le 4 no-
vembre 1795, époque d'une union qui ne dura que
trois mois.

Air : *Avec les jeux.*

Thérèse, le dieu de Cythère
Est l'ame de nos entretiens ;
Si tu m'aimes, tu m'es plus chère,
Et tous tes plaisirs sont les miens.
Une amitié naïve et pure
Unit nos cœurs, fixe nos vœux ;
Que l'artifice et l'imposture
Nous soient étrangers à tous deux.

Quatrains en vers burlesques, relatifs au changement
de domicile de Mademoiselle CORALIE *chez M. le*
chevalier de LAGARDE.

Air : *Je suis né natif de Ferrare.*

Voyez cette effrontée Coralie,
Qui se croit encor très-jolie,
Se tourner derrière et devant,
La tête en l'air et le nez au vent.   (*Bis*).

Certain jour bravant la critique,
On eut grand bruit, dit la chronique,
Au secours Coralie cria,
Puis à *la garde* se confia.　　　　(*Bis*).

Couplet fait en 1817, *à l'époque de la réunion opérée par M. le préfet du Cantal, qui avait épousé une parente de* THÉRÈSE-CORALIE B........, *lequel proposa à l'auteur des conditions qu'il ne voulut nullement accepter, en lui ajoutant que cette réunion ne durerait pas plus de huit jours.*

Air : *Avec les jeux.*

Lundi, je fus chez Coralie ;
Mardi je me crus fort heureux ;
Mercredi j'en fis la folie ;
Jeudi je vis combler mes feux ;
Vendredi nous nous querellâmes ;
Samedi j'eus des contre-tems ;
Dimanche nous nous séparâmes,
Et je crois qu'il en était tems.

OBSERVATIONS A CORALIE B........

Air connu.

Eh bien ! dans ce monde frivole
Goûtez-vous des vrais plaisirs ?

Avez-vous donc trouvé l'idole
Qui doit fixer vos désirs?
Ah! que votre flamme nouvelle
Doit être chère à vos yeux !
Etes-vous toujours infidèle,
Sans avoir fait un heureux*?

*Fragment d'un poëme sur l'indépendance d'une femme
qui a secoué le joug de l'hymen, et que l'auteur, par
bienséance, n'a pas voulu publier dans son entier.*

Je suis désabusé, son ame intéréssée
Ne m'a jamais offert qu'amitié simulée.

* CORALIE B........ ayant intenté un quinzième procès,
sous prétexte de se réserver dans sa quittance tous ses
autres dus, dans l'intention de faire usage de prétendus
billets supposés qu'elle avait mis en dépôt chez son avocat, au moment où l'huissier vint lui remettre l'assigna-
tion, l'auteur s'écria :

« Est-ce donc une femme ou bien est-ce une harpie ?

L'huissier répond :

» C'est la fille à B........ qu'on nomme Coralie ».

L'indignation que m'ont inspirée ses horribles tracasse-
ries, son caractère processif, et l'inconstance de ses affec-
tions, m'ont déterminé à m'appliquer ce distique :

« Enfin, pour compléter tous mes malheurs ensemble,
» Il ne me manquait plus qu'un fils qui lui ressemble ».

A de nouveaux bienfaits elle veut m'engager :
Est-ce avec ses parens qu'il me faut partager ?
A de nouveaux présens elle veut qu'on s'engage :
Il ne lui sied pas mal de tenir ce langage ;
Ses injures, ses torts, ont fait pour me venger
Que mon cœur de ses fers a su se dégager.
De ses perfides traits je n'eus jamais la vue *;
Pour une Dalila je l'ai bien reconnue ;
Mais plus perfide encor dans mon malheureux sort,
Par de chagrins cruels prématurait ma mort.
Des malheurs de Samson, Dalila fut la source ;
L'avide Coralie en veut seule à ma bourse.
On doit tout accorder à femme qui se rend ;
On doit tout refuser à celle qui se vend.
Lorsque je veux rimer, pensant à Coralie,
Au bout du second vers le sens dit perfidie.
Depuis plus de vingt ans, toujours mal-à-propos,
Par chicane et procès l'on trouble mon repos ;
Ainsi, long-tems jouet de ses plus noirs caprices,
Je fuirai désormais ses perfides malices.
La plus ardente fièvre et ses brûlans accès
M'aurait moins tourmenté que ses quinze procès ;
J'aimerais mieux cent fois finir ma destinée,
Que de vivre avec elle un seul mois de l'année.
Vingt mille francs perdus pour trois mois de faveurs
On peut bien les compter au nombre des rigueurs.
De ravir tout mon bien elle a toujours envie **;

---

* L'auteur étant privé de la vue.
** Les billets supposés.

Je n'ai que du mépris et point de jalousie.
Trois cents francs viagers, abus de mes bienfaits,
C'est lui donner du pain pour prix de ses hauts faits.
Ayant enfin rompu les nœuds de l'hyménée,
Loin d'elle je vais fuir ma triste destinée;
Je n'assouvirai plus tous ses lâches désirs;
L'horreur et le dégoût remplacent mes soupirs.

Couplets demandés à l'auteur par Madame MÉALLET *de* FAULAT, *née* LA ROCHE, *sur sa petite chienne qu'elle appelait* Dorine.

Air : *Charmantes fleurs.*

De ma Dorine je crois que je suis folle;
Entre mes mains j'en fais ce que je veux.
Ah! que je meure plutôt qu'on me la vole;
Sans elle rien ne me plaît sous les cieux.

Quelle rusée qui, par mille entreprises,
Sait m'attraper mes plus jolis bonbons;
Mais, grâce à ses petites mignardises,
De très-bon cœur je lui fais tous ces dons.

Adieu, ma chienne, adieu, soyez plus sage;
Quand je m'en vais, je l'enferme soudain;
Mais au retour se trouve à mon passage,
Et fait si bien que je lui tends la main.

*Couplet fait à table chez M. Riou, préfet du Cantal,
demandé à l'auteur par Madame de La Chaussée,
après qu'elle eut chanté une ariette avec beaucoup de
goût et de méthode ; l'auteur se trouvant placé entre
elle et Madame Nathalie Judicis.*

Air : *De la belle Raymonde.*

Ah ! qu'Emérentine rassemble
D'agrémens et qualités !
A Nathalie elle ressemble
En douceur comme en bonté.
En les chantant, j'ai à craindre
La faiblesse de ma voix ;
Mon couplet ne saurait peindre
Tous leurs charmes à-la-fois.

Couplet fait à Sédage , et demandé à l'auteur par Madame de Sédage, née Sophie Veillan.

Air de Dorilas.

Au-dessus des folles tendresses,
Au bon sens Sédage est soumis.
Le sentiment fait les maîtresses,
Et la raison fait les amis.
Le cœur de Sédage est fort tendre,
Mais Sophie veut le posséder ;
Dans son tems elle a su le prendre,
Et sait encor mieux le garder.

Chanson faite au château de Sédage pour Madame de
SÉDAGE, *née* Jenny CHAMPFLOUR.

Air d'Exaudet.

Vous vivrez,
Vous plairez
A tout âge ;
En vous tout me ravit :
Ah ! jeune Jenny, l'esprit
Est préférable au visage.

Nos beaux jours
Sont bien courts,
Beauté passe ;
Mais il est d'autres attraits
Que le tems jamais
N'efface.

La bonté du caractère,
Un cœur franc et sincère,
Un mari
Bien choisi
Et aimable,
A d'infidèles amans,
Volages, inconstans,
Est toujours préférable.

La beauté
De Cérès
Chasse Flore ;

Mais d'un beau soleil couchant
L'éclat vaut bien souvent
L'aurore.

Quatrain en impromptu fait à Sédage, sur la demande qui avait été faite à l'auteur par ces dames, de faire des couplets pour Mademoiselle Aimée de BEAUCLAIR *et Mademoiselle* Augustine de VEILLAN.

Pour Augustine, Aimée, il faut que je m'engage,
J'y pense et réfléchis, mais le tout sans effet;
Mon cœur et mon esprit s'occupant du sujet,
M'ont fait subitement abandonner l'ouvrage.

Couplet adressé à Madame de LA MARJÉ, *fait chez elle, après qu'elle eut chanté ceux que l'auteur avait fait pour elle dans son enfance.*

Air de Dorilas, ou: *Avec les jeux.*

La Marjé, ébloui de vos charmes,
Est satisfait de ses doux liens;
A vos beaux yeux il rend les armes;
Je trouve en vous de plus grands biens:
Une humeur douce, une ame pure,
Un cœur sensible et généreux,
De tous les dons de la nature,
Juliette, sont les plus heureux.

Quatrain en impromptu fait à Paris en 1810, en fa-
veur de Mademoiselle THOMASSIN, *d'un caractère*
doux, affable et sans prétention.

Je voudrais bien vous offrir quelque chose,
Des fleurs, l'hiver s'oppose à mon projet;
Mais si mon cœur devenait une rose,
Lors vous seriez bien sûre d'un bouquet.

Couplets adressés à Mademoiselle Octavie de MARSILLAC,
à Veyrières, en 1816.

Air: *O ma tendre musette!*

Jeune et belle Octavie,
Je voudrais vous chanter,
Mais mon faible génie
Ne veut pas m'écouter.
L'amour, pour qu'il l'enflamme,
Jadis reçut mes vœux;
Il régna sur mon ame,
Son trône est dans vos yeux.

A devenir sensible
Qu'il forme votre cœur;
L'on devient accessible
A ce charmant vainqueur.
D'une douceur extrême
Nous serons pénétrés,
Si vous sentez vous-même
Ce que vous inspirez.

Quatrain adressé à Madame LA MARGÉ.

Vous avez la fraîcheur et l'éclat de la rose ;
Elle est reine des fleurs, vous l'êtes des amours ;
Je vous dois différer pourtant en quelque chose :
Elle plaît un moment, et vous plairez toujours.

Quatrain fait à Paris à l'occasion de M. du CHEMIN
et de M. BÉLAIR, *ancien capitaine de cavalerie. Ce
dernier ayant entendu que M.* du CHEMIN *avait dit :
« Qu'on ne mette pas cet homme à côté de moi »,
m'appelle pour me donner à table la place à sa droite,
en me témoignant son indignation sur le compte de son
collègue, qu'il me dit être aussi sot que vain. Ma réponse fut un quatrain en impromptu et calembourg.*

Un homme *du bel air* est toujours bien venu,
A sa bonne façon on l'a bientôt connu ;
Mais quand il se présente un insolent faquin,
En le bien balotant, on fait voir du chemin.

Couplet à l'occasion du premier de l'an 1820.

Air de Dorilas.

L'an mille huit cent vingt commence,
Et l'hiver ramène avec lui
Ce jour qui fait courir la France,
Ce jour de fatigue et d'ennui ;

2

Par une antique bienséance
Que l'on déteste et que l'on suit,
Où l'on dit tout, hors ce qu'on pense,
Où l'on se cherche, où l'on se fuit.

Ciel! que d'assurances perfides
Reçoit et donne le papier!
Que de complimens insipides
Chargent le paquet du courrier!
Sous le beau nom de politesses,
L'on déguise ses sentimens;
Ne voulant payer en espèces,
On paye par des complimens.

Vous pensez bien, belle Emilie,
Après ce début, qu'aujourd'hui
Je ne ferai point la folie
Que je condamne dans autrui.
Je compte sur votre indulgence,
Et vous demande pour faveur,
Pour étrenne, pour récompense,
Estime, amitié pour l'auteur.

* * *

*Couplet fait à table à l'occasion des amusemens outrés
du Carnaval.*

Air de la pipe de Tabac.

Voulez-vous jouir de la vie
Et la passer joyeusement?

Des plaisirs qui vous font envie
Usez toujours modérément;
Mais si le penchant vous entraîne,
Ne le suivez pas au galop;
Ayez pour maxime certaine:
Un peu de tout et rien de trop. (*Bis*).

ÉPITRE A MA CHATTE.

Cessez enfin vos jeux, Minette, et m'écoutez;
Vous me faites haïr l'abus de mes bontés;
Si vous êtes toujours importune et légère,
Minette à l'avenir me deviendra moins chère.
Vous présentez souvent des pattes veloutées,
Mais je ressens parfois vos ongles ergotées.
Je n'aime pas en vous ces sentimens ingrats;
Ah! gardez, s'il vous plaît, vos griffes pour les rats.

*Vers adressés par l'auteur à un avoué qui s'était permis
de lui donner le conseil aussi sot qu'extravagant de
faire donation de ses biens à des collatéraux dont
l'ingratitude est manifeste, et qui ajouta, en présence
d'un neveu par alliance, son client: « Qu'il ne suffi-
» sait pas d'avoir de l'esprit, mais qu'il fallait avoir
» du bon sens ».*

S'ils n'ont pas du bon sens, je conviens avec vous
Qu'avec beaucoup d'esprit les poëtes sont fous;
Mais je peux dire aussi, sachant ce que vous êtes,
Que des fous tels que vous ne sont pas des poëtes.

Couplet aux censeurs et critiques.

Air de Dorilas.

Bravant les traits de la censure,
Je suis toujours impartial ;
Malgré l'envie et l'imposture,
Un jaloux n'est pas mon égal.
Du faux et calomnieux critique
Bravons les efforts impuissans ;
Ce n'est qu'aux talens que s'applique
L'humeur caustique des méchans *.

Quatrain aux égoïstes ou épicuriens.

Je ferai le bien pour le bien,
J'aimerai quiconque m'aime,
Et ceux qui me comptent pour rien,
Je les compterai de même.

Couplet adressé aux mauvais plaisans.

Air de Joconde.

Ne disputons pas des couleurs,
Des goûts ni des usages ;

---

* Trop heureux dans mon état, hélas ! si je pouvais
me plaire, vivre paisible, et conserver ce que j'ai pour
en disposer en faveur des indigens et en œuvres pies ! In-
différent sur la louange et sur la critique des méchans et

Pour blâmer ce qu'on aime ailleurs,
On n'en est pas plus sage.
Pour moi je vis à ma façon,
Qu'on glose ou qu'on murmure.
Et je pense comme Caton,
Méprisant la censure.

Vers adressés aux politiques d'Aurillac, sur la prétendue guerre d'Espagne, le 20 mars 1823.

On dit qu'en Espagne on fait la guerre;
On dit qu'on y fera la paix;
On dit que Mina marche contre Freyre;
On dit qu'ils ne se battront jamais;
On dit que le pape est à Rome;
On dit que Bonaparte vit;
On dit: de Caze est un grand homme;
On dit, on dit qu'on ne sait ce qu'on dit.

Couplet adressé à Madame S.... G... de C...., dont les ruses indécentes et inhumaines fatiguaient depuis long-tems l'auteur. (Septembre 1814).

Air du réveil du peuple.

Je vous le dis en conscience,
C'est trop de ruse, j'en conviens;

---

des jaloux, je me reposerai sur ma conscience; et il me reste une douce consolation, c'est de me passer de tous ceux qui ne me voient pas avec plaisir.

De m'approcher je vous dispense,
De moi vous n'aurez jamais rien.
Toujours fausse sans scrupule,
Avec des torts vous avez droit ;
Par du mépris, oui je calcule
Qu'on peut payer ce qu'on vous doit.

Couplet demandé à l'auteur par M. Raymond de Cas-
saniouse, *pour sa cousine germaine Mademoiselle*
Fanny de Labeau, *elevée chez les dames anglaises à*
Paris. (30 janvier 1819).

Air : *Avec les jeux.*

Stella dearling of the muses
When J love in the spring.
Then you make petitt chooses,
When J shall give strive to sing.
Wher my soul whit wonder traces
It his your mind and heart you bind,
All the beautes and all the graces
In the, Fanny J Shall be find.

Vers adressés à Madame de Bourlange , *baronne de*
Tournemine, en lui envoyant une lettre dont elle avait
bien voulu se charger pour son mari , président du
tribunal de Mauriac.

Madame ,

Recevez le bonjour qu'ici je vous envoie ;
Conférer avec vous eût fait toute ma joie ;

En écrivant du moins, il me reste un moyen
D'obtenir avec vous un muet entretien.
Comptant sur vos bontés, je vous envoie ma lettre;
Entre vos mains, Madame, elle ne peut mieux être.
Je prie votre mari de me rendre un service,
Contre mes débiteurs d'activer sa justice.

*Quatrains en impromptu à l'occasion de la jactance
d'un ex-général conventionnel.*

Quel est ce général qui gagna des batailles,
Défit les escadrons, renversa les murailles,
Fut chez les Autrichiens qu'il traita de canaille,
Les poursuivit partout et d'estoc et de taille?

Tel on voit un vautour tombant sur la volaille,
Chez l'ennemi faisant et bombance et ripaille;
Est-il dans l'univers général qui le vaille?
A ces brillans exploits reconnaissez Mitraille.

VERS ADRESSÉS AUX LIBÉRAUX.

Vous n'avez pas montré la même intolérance,
Quand les nobles nouveaux ont inondé la France;
Lorsqu'enfin les marquis, comtes, ducs et barons,
Poussaient autour de nous comme des champignons,
Puisque le Roi maintient la noblesse nouvelle,
A l'autre, dites-moi, pourquoi chercher querelle?

De leurs droits abolis sottement envieux,
Voulez-vous leur prouver qu'ils n'ont pas eu d'ayeux,
Des nobles d'autrefois la part est si modeste,
Qu'un fatal souvenir est tout ce qui leur reste.
De quelques parchemins brûlés ou vermoulus,
Leur triste vanité ne s'alimente plus :
N'est-ce pas lâchement battre les gens à terre,
Et sans gloire aux vaincus faire une injuste guerre?

Vers adressés à Madame S..... G... *de* C....

Vous m'avez calomnié, je ne sais pas pourquoi;
J'ai dit du bien de vous, vous dites mal de moi.
Je vous dis franchement, quel malheur est le nôtre!
C'est qu'on ne nous croira jamais ni l'un ni l'autre.
Digne de mon mépris plus que de mon courroux,
Vous vous moquez de moi, je me moque de vous.

Vers à l'occasion d'un procès intenté par le desservant
d'une commune, adressés à M. *de* S......, *maire et*
chevalier de Saint-Louis.

Dans ce maudit procès qu'on ose à peine croire,
Faut-il que d'un curé je retrace l'histoire?
De venir m'attaquer quel fut donc son dessein?
Est-ce cupidité? veut-il nuire au prochain?
Ton protégé, mon cher, a, par trop de malice,
Par de faux exposés, préparé l'injustice;

Parmi les avocats, de Mespoulhès fit choix;
Ils furent chez Vigier, qui fut sourd à leur voix.
Ce curé processif sortit fort en colère ;
Par la chicane enfin crut gagner son affaire ;
Fut chez un procureur consulter l'incident,
Me décoche un exploit aussi sot qu'impudent.
Certes il eut mieux fait rester au presbytère,
Que de s'être mêlé de cette indigne affaire ;
Et puis le verre en main, ralliant tous ses gens,
Prononce sottement des mots vides de sens.
La bouteille en ses mains sied mieux que le calice;
Lors il sait tout braver, et même la justice ;
Il offre au dieu Bacchus plusieurs libations,
Et la vapeur du vin guide ses actions;
En tout il mêle enfin le sacré, le profane,
Et compromet ainsi l'honneur de la soutane;
Aux bachiques vapeurs se livrant à l'excès,
Il se crut bien fondé de me faire un procès.
Dis-lui, je t'en supplie, c'est lui rendre service,
Qu'il me laisse en repos et dise son office ;
Qu'il ne s'avise plus de venir désormais
Avec un front d'airain figurer au palais ;
Qu'à tous ses paroissiens il fasse la prière,
Qu'il boive moins de vin et dise son bréviaire.
Dieu pardonne au pécheur qui veut se convertir;
Mais quand il s'endurcit, il sait bien l'en punir :
Mon cher ami, voilà mes avis à ce prêtre ;
Mais s'il persiste encor, je le ferai connaître.

Couplets faits en l'honneur de S. A. R. Madame , *du-chesse d'*Angoulême, *par M. le chevalier de* Cours, *ancien capitaine d'infanterie, dédiés à Sa Majesté* Louis XVIII. (Janvier 1817).

Air de Dorilas.

Pour célébrer Marie-Thérèse,
Bouflers, prête-moi tes talens ;
De la fille de Louis seize
Je vais chanter les agrémens.
L'indulgente et sage nature
L'orna de ses plus beaux présens.
Des méchans bravant la censure,
Je peux la louer en tout tems.

Dans mes vers pourrai-je décrire
La noble fierté de ses traits,
Et sa bonté qui sait séduire
Bien plus encor que ses attraits ?
Vertus, ris, grâces et noblesse,
Accompagnent partout ses pas ;
Les plaisirs la suivent sans cesse :
En trouve-t-on où elle n'est pas ?

Ah ! si dans l'immortelle vie
L'on trouve des êtres parfaits,
Fille de roi, femme chérie,
Comme toi sans doute ils sont faits.

Toujours bienfaisans et sensibles,
En tout ils pensent comme toi.
On dit qu'un ange est invisible;
Il ne l'est plus lorsqu'on te voit.

En te voyant l'ame est émue;
Je ne peux ni pourrai te voir *.
Pour les français qui t'ont connue,
Te chérir n'est plus qu'un devoir.
Digne princesse que j'implore,
Ah! sois sensible à mes accens:
Puis-je chanter ce qu'on adore?
L'objet surpasse mes talens.

Réponse aux vers précédens par un auteur inconnu.

Même air.

Sur le double mont près Voltaire,
La Harpe et le charmant Bouflers,
Je vois, de Cours, ta tête altière,
Ceinte de lauriers toujours verts.
Nouvel Orphée, ton luth fidèle
Prélude d'un ton si touchant,
Que la plaintive philomèle
Devient jalouse de ton chant.

---

* L'auteur est privé de la vue.

A la source de l'Hypocrène,
Où tu vas te désaltérer,
Je te vois près de la fontaine
Avec les Muses folâtrer. ·
L'essaim des amours suit tes traces,
Les fleurs abondent sous tes pas ;
Tes vers savent prêter aux grâces
Des beautés qu'elles n'avaient pas.

Tu chantes la digne princesse,
Idole de tout bon français ;
Tu sais peindre la douce ivresse
Que font éprouver ses bienfaits.
Ne crains pas de déconvenue,
Apollon ne t'est point fatal ;
En te lisant l'ame est émue,
Du triomphe c'est le signal.

RÉPLIQUE A L'AUTEUR ANONYME.

Le style naturel qu'on trouve dans mes vers
De tous mes environs m'attire le suffrage,
Nous sommes trois chanteurs, si je chante au village,
Boufflers et Florian chantent dans l'univers.

ÉPIGRAPHE.

Jean chevalier de Cours, fatigué de son sort,
Ayant cessé d'y voir, son destin fut à plaindre ;

Trahi par des ingrats, il sut braver la mort :
Qui n'a point fait de mal n'a dû jamais la craindre ;
Dans ses infirmités lutta contre le sort,
Sans reproche et sans peur il attendit la mort ;
Au Nouveau Monde il fut combattre pour la France ;
De son fatal destin il subit l'inconstance ;
Toujours franc et loyal, fut soumis à la loi ;
Vécut en chevalier applaudi par son roi * ;
Réclamant ses bontés avec son indulgence,
Il osa se flatter d'avoir pour récompense
De son juste monarque une décoration :
Obtenir ce bienfait fut sa seule ambition.
Dans ses malheurs guidé par la philosophie,
Consacra ses loisirs à la philantropie ** ;
A l'état il laissa plus de trois cents louis *** ,
Et ne put obtenir la croix de Saint-Louis.
Bienheureux le mortel dont la main fortunée
A su par des bienfaits signaler sa journée.

Vers dédiés à Son Eminence le cardinal de CLERMONT-
TONNERRE, *improvisés par M. le chevalier* de COURS.

O Dieu qu'on méconnaît ! ô Dieu que tout annonce !
Entends les derniers mots que ma bouche prononce.

---

* Lettre de M. le duc de La Châtre, du 13 décembre 1820.
** Fondation et dotation.
*** Brevet de pension du 5 janvier 1790, de la somme
de 209 fr., dont l'arriéré est dû depuis décembre 1792.

Mon cœur peut se tromper, mais il est plein de toi.
Des français égarés ont méconnu ta loi.
L'on échappe parfois à la justice humaine ;
Celle du Tout-Puissant est beaucoup plus certaine.
Des traitres, des pervers, en tout lieu révoltés,
Par le maître des rois sont enfin culbutés.
Je vois, sans m'allarmer, l'éternité paraître ;
Un Dieu plein de bonté partout s'est fait connaître ;
Dans mes infirmités m'accorde des bienfaits :
Je dois dans mes écrits le louer à jamais.

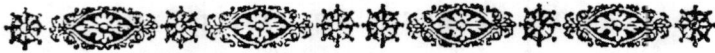

Seconde Partie.

CORRESPONDANCE.

L'auteur se rappelant avec plaisir l'accueil qu'il reçut de M. le comte d'Estaing, vice-amiral de France, lorsqu'il se présenta chez lui, ne doit pas le passer ici sous silence.

LETTRE DE M. LE CHEVALIER DE COURS

A M. LE COMTE D'ESTAING.

Monsieur le comte,

M'étant présenté chez vous sans avoir eu l'honneur de vous y trouver, permettez que je vous prie de m'accorder un quart-d'heure d'audience, pour vous communiquer des choses très-essentielles qui me concernent, réclamant votre signature pour une faveur que je sollicite. Cet acte de bienfaisance de votre part peut ajouter à ma sensibilité, mais n'ajoutera rien au profond respect avec lequel j'ai l'honneur d'être,

Monsieur le comte,

Votre très-humble et très-obéissant serviteur,

Le chevalier DE COURS.

Paris, le 21 juin 1790.

RÉPONSE DE M. LE COMTE D'ESTAING,

LIEUTENANT-GÉNÉRAL DES ARMÉES NAVALES ET VICE-AMIRAL DE FRANCE.

Paris, le 24 juin 1790.

M. d'Estaing souhaite le bonjour à M. le chevalier de Cours, et le prie de vouloir bien agréer avec indulgence ses excuses et ses regrets; il est presque toujours à la campagne, et privé par ses absences d'aller au-devant de celui qui veut bien avoir la bonté de venir le trouver chez lui; il obéit à M. le chevalier de Cours, en ayant l'honneur de le prévenir qu'il sera demain visible pour lui depuis neuf heures du matin jusqu'à quatre heures après midi; il mettra avec plaisir sa signature, et fera tout ce qui peut être utile et agréable à M. le chevalier de Cours.

D'ESTAING.

M. le comte d'Estaing étant plénipotentiaire en 1789, fut chargé par les Etats-Unis de distribuer un certain nombre de croix de l'ordre de Cincinnatus. En voulant bien m'accorder cette décoration, il me dit que j'avais bien des droits pour l'obtenir; et se tournant vers des officiers généraux et des capitaines de vaisseau qui l'entouraient, il appuya légèrement sa main sur mon épaule, disant : « voilà, messieurs, un franc et loyal auvergnat, mon compatriote, qui mérite bien tout mon intérêt. »

Qu'il me soit permis de retracer ici, pour rendre hommage à sa mémoire, une esquisse de ses glorieuses campagnes en Amérique, dans deux quatrains que j'ai faits en son honneur.

> La discorde régnait, le démon de la guerre
> Avait déjà troublé la France et l'Angleterre :
> C'est d'Estaing que choisit Louis pour son vengeur ;
> Aux Anglais qu'il vainquit il porta la terreur ;
> Devant Sainte-Lucie maîtrisa la victoire ;
> Auprès de Savanah sut se couvrir de gloire ;
> Dans ses expéditions moissonna les lauriers :
> Je peux placer d'Estaing au rang des grands guerriers.

RÉPONSE DE M. LE DUC DE CAYLUS

A M. LE CHEVALIER DE COURS.

Paris, le 18 novembre 1789.

Je ne vous savais point à Paris, M. le chevalier; je suis ravi d'apprendre par vous que ce soit l'endroit où vous désiriez être; je serai très-flatté d'avoir l'honneur de vous voir toutes les fois, et quand cela pourra vous convenir, pourvu que ce ne soit pas après dix heures du matin, heure à laquelle je suis obligé de me rendre tous les jours à l'assemblée nationale.

J'ai l'honneur d'être, avec un sincère et parfait attachement, etc.

Le Duc de CAYLUS.

RÉPONSE DE M. LE COMTE DE PANNAT,

MARÉCHAL-DES-CAMPS ET ARMÉES DU ROI, COMMANDEUR DE L'ORDRE DE SAINT-LOUIS, PRÉSIDENT DU COMITÉ MILITAIRE DE L'ASSEMBLÉE NATIONALE.

J'aurais été fort aise, M. le chevalier, qu'en me prévenant sur le projet que vous avez fait de venir

3

chez moi, vous m'eussiez indiqué le moment où j'aurais le plaisir de vous voir; je me serais arrangé pour
ne pas en perdre l'occasion : mais puisque vous avez
égard aux occupations qui m'assujettissent, je vous
dirai qu'elles ne me permettent de demeurer chez moi
que le matin jusqu'à dix heures, et l'après-midi depuis
quatre jusqu'à cinq et demie. Je serai très-flatté de
mettre ma signature pour tout objet qui peut vous in-
téresser, et je voudrais vous prouver le sincère attachement avec lequel j'ai l'honneur d'être, etc.

Le Comte de PANNAT.

Paris, le 8 décembre 1789.

CERTIFICATS.

Nous soussignés, principaux gentilshommes de l'ar-
rondissement d'Aurillac, certifions que M. Jean de
Meallet, chevalier de Cours, ancien capitaine d'infanterie, est né d'une des plus anciennes familles nobles de la province d'Auvergne; qu'il est arrière-petit-
fils de feu Pierre Meallet de Cours, capitaine de
grenadiers, tué à la bataille de Fridélingue, ayant
avec lui ses deux frères Amable et Pantaléon de
Meallet de Cours, tous trois chevaliers de Saint-Louis
et capitaines dans le régiment de Bourbonnais; qu'il
est petit-fils de Pierre Meallet, ayeul de l'exposant,
qui fut tué à l'attaque de Laçiète en 1747, commandant de bataillon, avec brevet de lieutenant-colonel,
et chevalier de Saint-Louis, audit régiment de Bour-

bonnais; qu'il est second-fils à feu Jean de Meallet de Cours, ancien capitaine dans ledit régiment de Bourbonnais, retraité avec pension.

Certifions de plus que la fortune de la famille de l'exposant a diminué de plus en plus, de père en fils, par les longs services de ses ayeux, et qu'il a completté un espace de plus de cent cinquante ans de service sous les mêmes drapeaux.

Certifions encore que le sieur exposant, après avoir fait les guerres d'Amérique, est rentré en France couvert de blessures et affligé d'une cécité presque totale.

Aurillac, le 18 mars 1789.

PEYRONENQ' DE SAINT-CHAMARANT, *Lieutenant des Maréchaux de France.*

BEAUCLAIR, *ancien Lieutenant-Colonel de cavalerie.*

Le Chevalier **MONTARNAL,** *Lieutenant-Colonel au régiment de Foix.*

Le Baron D'**AURILLAC,** *Capitaine à la suite de cavalerie.*

Le Duc DE **CAYLUS,** *Grand-Bailli de la Haute-Auvergne.*

Le Chevalier **MEALLET** DE **FARGUES,** *Capitaine de cavalerie, Commandeur de l'ordre de Malte.*

Le Comte de **FABRÈGUES,** *Lieutenant de Roi de la Haute-Auvergne.*

Vu par nous, Intendant d'Auvergne.

DE **CHAZERAT.**

Vu et certifié par nous, Lieutenant-Général des armées du Roi et chevalier de ses ordres, commandant en chef dans la province d'Auvergne.

MONTBOISSIER.

Pour copie conforme des pièces originales qui ont été déposées sous nos yeux.

Aurillac, le 30 janvier 1816.

Le Secrétaire-Général,

LE TERME.

Nous soussignés, gentilshommes, certifions que M. Jean de Meallet, chevalier de Cours, ancien capitaine d'infanterie, est né d'une des plus anciennes familles nobles de la province d'Auvergne, et que ses ayeux paternels et maternels ont joui de tout tems et de toute ancienneté de tous les privilèges de la noblesse, et ont été attachés au service du Roi ; en foi de quoi lui avons délivré le présent.

Fait à Paris, le 5 décembre 1789.

Le Comte DE PANNAT, *Maréchal des camps et armées du Roi, Commandeur de l'ordre de Saint-Louis.*

Le Duc de CAYLUS, *Grand-Bailli et Député de la Haute-Auvergne.*

Nous, Major en second au régiment de Flandre, Gouverneur de Fontainebleau, certifions ce que dessus.

MONTMORIN.

Nous, Lieutenant Général des armées du Roi, Chevalier de ses

ordres, Commandant en chef dans la province d'Auvergne, certifions ce que dessus.

MONTBOISSIER.

Pour copie conforme:

Vu par nous, Préfet du Cantal, à Aurillac, le 30 janvier 1816.

LOCARD.

Pour copie conforme des pièces originales déposées sous nos yeux.

Aurillac, le 30 janvier 1816.

Le Secrétaire-Général,

LE TERME.

MÉMOIRE.

Jean de Meallet, chevalier de Cours, né au château
de Cours le 1er mai 1758, entré au régiment de Bourbonnais en 1777, reçu cadet-gentilhomme par lettre
du 4 avril 1778, lieutenant le 3 juin 1779, capitaine
de volontaires à l'île de Saint-Domingue en 1780, où
il s'embarqua avec sa compagnie, et fut au siége de
Pensacola, en Floride, où il fut dangereusement
blessé. Après plusieurs campagnes pénibles sur mer,
et avoir essuyé plusieurs combats, de retour à Saint-
Domingue, il fut choisi par le général pour comman-
der en chef les batteries d'Halin et celles de Maho
jusqu'à la paix. Par des longues campagnes ou par des
coups de serein, ayant perdu l'œil droit, il fut obligé

de passer en France en 1788, ne pouvant continuer
le service des colonies; constaté par des certificats authentiques.

Le chevalier de Cours est né d'une des plus anciennes familles nobles d'Auvergne, qui, depuis nombre de siècles, a fourni quantité de commandeurs à
l'ordre de Malte, et de prélats à l'église, du nombre
desquels sont Jean de Meallet de Fargues, grand-ma-
réchal de l'ordre de Malte, mort en 1774, et Joseph
de Meallet, comte de Lyon, premier évêque de Saint-
Claude, mort en 1784. Tous ses auteurs, de père en
fils, ont de tout tems servi le Roi avec autant de zèle
que de distinction, et le chevalier de Cours a completté une suite de services d'environ un siècle et demi
sous les mêmes drapeaux, comme il est prouvé par
le certificat du 18 mars 1789. Le chevalier de Cours,
retraité le 25 août 1789, se trouvant en ce moment
totalement privé de la vue, a recours aux bontés du
Roi et à celles de son ministre, afin d'obtenir la croix
de l'ordre royal et militaire de Saint-Louis, dont ses
ancêtres ont été successivement décorés depuis l'éta-
blissement de cet ordre.

Le Chevalier DE COURS.

Je certifie ce que dessus.

FR., *Evéque de Clermont, Député de la Basse-
Auvergne.*

Je certifie pareillement ce que dessus.

MONTBOISSIER, *Lieutenant-Général des armées
du Roi, Chevalier de ses ordres, Député et Commandant en chef de la province d'Auvergne.*

Je certifie ce que dessus.

Le Duc de CAYLUS, *Député de la Haute-Auvergne.*

Je certifie ce que dessus.

Le Marquis de LA QUEILLE, *Maréchal des camps et armées du Roi, Député de la sénéchaussée d'Auvergne.*

Pour copie conforme :

Vu par nous, Préfet du Cantal, à Aurillac, le 30 janvier 1816.

LOCARD.

Pour copie conforme de l'original présenté sous nos yeux.

Aurillac, le 30 janvier 1816.

Le Secrétaire-Général,

LE TERME.

Vu par nous, Adjoint Sous-Inspecteur aux revues.

Le Baron MESSEY.

Vu par le Lieutenant-Colonel de la légion du Cantal.

COLONNA-CÉSARI.

Vu par le Maréchal-de-Camp commandant le département du Cantal,

PELLEPORT.

Vu par nous, Capitaine de la gendarmerie royale, et Chevalier de l'ordre royal et militaire de Saint-Louis et de Malte.

Le Comte LE BORGNE.

Je certifie que le chevalier de Cours est d'une très-ancienne famille d'Auvergne, qui, dans tous les tems, a été dévouée à ses rois, et que lui-même jouit parmi ses compatriotes de la réputation d'un bon royaliste.

Le Colonel de la légion du Cantal, Chevalier de Saint-Louis,

HIGONET.

LETTRE DE M. LE DUC D'ESCARS,

PAIR DE FRANCE, PREMIER MAITRE-D'HOTEL CHEZ LE ROI.

Tuileries, le 17 avril 1816.

J'ai reçu, M. le chevalier, la lettre que vous m'avez fait l'honneur de m'écrire le 9 de ce mois, et les deux mémoires imprimés qui y étaient joints; j'en adresse un sur-le-champ au Ministre de la guerre, et je remets l'autre au duc de Duras, premier gentilhomme de la chambre de service, qui seul peut, s'il le juge à propos, le présenter au Roi.

Je me promets d'ajouter verbalement au Ministre de la guerre tout ce que m'inspire l'intérêt et la considération que je dois à une personne de votre nom.

Agréez, M. le chevalier, l'assurance de ma parfaite et sincère considération.

Le Duc d'ESCARS.

LETTRE DE S. A. S. Mgr PRINCE DE CONDÉ.

Palais-Bourbon, le 15 juin 1816.

C'est au Ministre de la guerre, Monsieur, que la demande de la croix de Saint-Louis doit être adressée, par un mémoire appuyé de tous les titres de service qui y donnent des droits. Je n'ai absolument aucune attribution à cet égard, et je ne puis que vous inviter à presser vos démarches, la commission militaire, chargée de l'examen des réclamations des anciens officiers, devant bientôt terminer son travail.

Je vous remercie, Monsieur, de l'imprimé qui était joint à votre lettre du 7 de ce mois, et je vous assure de mes sentimens pour vous.

LOUIS-JOSEPH DE BOURBON.

LETTRE A M. LE CHEVALIER DE COURS,

PAR ORDRE DE S. A. R. MADAME, DUCHESSE D'ANGOULÊME.

Paris, le 26 mars 1817.

Monsieur le chevalier,

Je m'empresse de vous prévenir que le placet que vous avez eu l'honneur de présenter à S. A. R. Madame, duchesse d'Angoulême, a été renvoyé, par ordre de Madame, à Mgr le Ministre de la guerre.

Ce sera désormais dans les bureaux de S. Exc. que vous connaîtrez le résultat de votre demande.

Agréez, je vous prie, l'assurance de ma parfaite considération.

Le Secrétaire des commandemens de S. A. R. Madame, *duchesse d'*ANGOULÊME,

CH. CHARLET.

LETTRE DE M. LE MARÉCHAL

DUC DE FELTRE.

Paris, le 22 janvier 1817.

S. A. R. Monsieur m'a renvoyé, M. le chevalier, la demande que vous avez faite pour obtenir la croix de Saint-Louis.

J'ai l'honneur de vous prévenir que les statuts de l'ordre ne permettent de présenter pour la croix de Saint-Louis que des officiers en activité de service ; je regrette que cette disposition ne me permette pas de soumettre votre demande au Roi.

Je suis très-parfaitement,

Monsieur le chevalier,

Votre très-humble et très-obéissant serviteur,

Le Maréchal Duc de FELTRE.

LETTRE DE M. BELMONT DE MALCOR,

CONSEILLER D'ÉTAT.

Paris, le 4 février 1817.

Monsieur le chevalier,

J'ai reçu, avec le paquet que vous m'avez adressé, la lettre en date du 24 janvier que vous m'avez fait

l'honneur de m'écrire ; je ne puis qu'être flatté de la
confiance que vous me témoignez, n'ayant eu aucune
occasion de la mériter. Je ne manquerai pas de transmettre à S. Exc. le Ministre de la guerre le mémoire
imprimé contenant vos demandes et les motifs dont
elles sont appuyées.

Quant a ce qui concerne Madame, duchesse d'Angoulême, je ne puis que me joindre, avec toute la sin-
cérité de mon cœur, aux sentimens d'admiration et
de respect pour S. A. R., que vous savez si bien ex-
primer. Agréez, je vous prie, mes remercimens pour
les choses pleines d'honnêteté que vous avez bien
voulu m'adresser, ainsi que les sentimens de la considération avec laquelle je suis,

Monsieur le chevalier,

Votre très-humble et très-obéissant
serviteur,

BELMONT DE MALCOR.

LETTRE DE M. LE BARON DE BATZ,

MARÉCHAL DES CAMPS ET ARMÉES DU ROI, COMMANDANT
EN CHEF LE DÉPARTEMENT DU CANTAL.

Dimanche gras 1817.

Je prie M. le chevalier de Cours de m'excuser si je
n'ai pu hier ni ne pourrai aujourd'hui avoir l'honneur
de le recevoir. Depuis trois ou quatre jours j'ai la
fièvre la nuit, et suis accablé de travail le jour.

Ce soir, bal chez moi : si M. le chevalier de Cou... me fait l'honneur d'y venir, il me fera assurément grand plaisir, et si je ne l'en ai pas prié, c'est à cause de l'état de ses yeux.

J'ai vu les jolis vers qui terminent la lettre qu'il a bien voulu m'écrire ; ils sont marqués au bon coin, quoique pure bagatelle.

Mille excuses et mille bonjours.

Le Baron DE BATZ.

LETTRE DE M. LE BARON DE Sᵗ-JACQUES,

AU NOM DE S. A. S. MONSEIGNÊUR LE DUC DE BOURBON.

Palais-Bourbon, le 12 juin 1818.

Monsieur,

Mᵍʳ le duc de Bourbon, accablé de douleur par l'événement affreux qui vient de lui enlever son vénérable père, s'est retiré à la campagne pour quelque tems, et est empêché de répondre personnellement à la lettre que vous lui avez écrite, et qu'il a reçue avec les couplets faits en l'honneur de S. A. R. Madame, duchesse d'Angoulême. S. A. S. me charge de vous remercier de cet envoi, et de vous témoigner sa sensibilité des sentimens que vous lui exprimez.

S. A. S. me charge d'avoir l'honneur de vous observer qu'ayant déjà présenté votre demande à l'effet d'obtenir la croix de Saint-Louis, et ayant une réponse à ce sujet du Ministre de la guerre, elle ne peut ni ne doit s'entremettre dans cette affaire. Les ordonnances du Roi ayant fixé le tems nécessaire pour l'obtention de cette décoration, le Ministre de la guerre ne s'en écarte jamais ; la recommandation de S. A. S. deviendrait superflue et ne produirait aucun effet. Ne doutez pas, Monsieur, des regrets que S. A. S. éprouve de ne pouvoir dans cette occasion vous servir comme elle le désirerait.

J'ai l'honneur d'être avec des sentimens très-distingués,

Monsieur le chevalier,

Votre très-humhle et très-obéissant serviteur,

Le Baron DE SAINT-JACQUES.

LETTRE A M. LE CHEVALIER DE COURS,

PAR ORDRE DE S. A. S. LE DUC D'ORLÉANS.

Palais-Royal, 2 juillet 1818.

Mgr le duc d'Orléans a reçu la lettre de M. le chevalier de Cours, avec les deux exemplaires qui y étaient joints, et lui en fait ses remercîmens.

LETTRE DE M. LE DUC DE COIGNY,

GOUVERNEUR DE L'HOTEL ROYAL DES INVALIDES ET DE FONTAINEBLEAU.

J'ai reçu, M. le chevalier, votre lettre en date du 4 du courant, ainsi que le mémoire imprimé qui y était joint pour la demande de la croix de l'ordre royal et militaire de Saint-Louis. J'éprouve tout l'intérêt que m'inspirent vos campagnes et vos blessures; mais il m'est pénible de vous annoncer que les dernières or-donnances du Roi ne permettent de lui soumettre de pareilles demandes que pour des officiers en activité de service. Je regrette infiniment que cet obstacle me prive de faire pour vous ce que vous désirez à cet égard.

Recevez, M. le chevalier, l'assurance de ma con-sidération distinguée.

Le Duc de COIGNY.

Paris, le 10 février 1820.

LETTRE DE M. LE DUC D'AVARAY,

PAIR DE FRANCE, MAITRE DE LA GARDE-ROBE.

Avaray, le 17 novembre 1820.

J'ai lu, Monsieur les pièces que vous m'avez en-voyées, et la lettre par laquelle vous me priez de de-mander pour vous la croix de Saint-Louis ou celle de la Légion d'honneur. Je suis bien fâché de ne pouvoir pas faire pour vous la demande que vous désirez, en ayant déjà fait sans succès plusieurs autres du même genre.

Recevez, je vous prie, Monsieur, l'assurance de ma parfaite considération.

Le Duc d'AVARAY.

LETTRE DE M. LE COMTE DE CASTELLANE,

PAIR DE FRANCE, LIEUTENANT-GÉNÉRAL DES ARMÉES DU ROI.

Sarliève, 28 novembre 1820.

Monsieur le chevalier,

Ma santé m'ayant privé de l'honneur de présider le collége électoral du département du Cantal, je n'ai reçu que fort tard la lettre que vous m'avez fait l'honneur de m'adresser à Aurillac et les imprimés qui y étaient joints. La fièvre catharale que j'ai éprouvée, et qui n'est pas encore guérie, m'obligeant de renoncer à me rendre près de la chambre des Pairs avant le mois de février, je ne pourrai qu'alors soumettre votre demande à M. le duc de la Châtre, et m'occuper avec lui des moyens de la faire réussir. Je dois vous avertir de ce délai forcé, afin que vous puissiez, si cela vous convient, prendre un moyen plus prompt d'obtenir une faveur dont votre loyauté et votre dévouement à la dynastie royale paraissent vous rendre digne.

J'ai l'honneur d'être, avec une considération distinguée,

Monsieur le chevalier,

Votre très-humble et très-obéissant serviteur,

Le Comte DE CASTELLANE.

LETTRE DE M. LE CHEVALIER DE COURS

Aurillac, le 8 décembre 1820.

Monsieur le duc ,

Votre dévouement à la dynastie régnante des Bourbons, et la protection que vous accordez aux belles-lettres , m'ont déterminé à vous adresser mes réflexions morales et politiques. Le nombre de mes années , et plus encore mes infirmités , ont beaucoup affaibli mes facultés physiques; mais c'est jusqu'à la fin de mes jours que j'emploierai mes facultés morales pour ramener les esprits égarés aux vrais principes , et surtout à l'obéissance due à notre légitime monarque. Eloigné de toute espèce d'ambition, n'ayant plus rien à attendre ni à désirer, me voyant sans descendans , je me borne uniquement à être le défenseur de la légitimité ; et mon seul désir eût été d'obtenir la croix de l'ordre royal et militaire de Saint-Louis. Quoique je n'aie pu obtenir cette décoration , héréditaire dans ma famille, Sa Majesté ne trouvera point parmi les bons Français de sujet qui lui soit plus franchement dévoué que moi , mon intention ayant toujours été de la servir par honneur et par devoir, et jamais par aucun motif d'intérêt*. Quels que soient les événemens

---

* Ayant abandonné tous les arrérages de sa pension sur le trésor royal, qui lui sont dus depuis janvier 1791, au produit annuel de 209 f., dont il a conservé le brevet, en date du 5 janvier 1790.

qui m'attendent à la fin de ma pénible carrière, cependant mes vœux ne sont pas moins ardens ; et mes derniers soupirs seront toujours pour mon Roi et la monarchie, ne me restant plus rien que le chagrin de mon inutilité, isolé dans ma solitude.

Feu Mgr le prince de Condé m'avait personnellement honoré le 15 juin 1816 d'une lettre très-obligeante que je conserverai avec soin dans mes papiers les plus précieux, comme un effet de la bonté qui, dans tous les tems, a caractérisé un prince qui s'était attiré à juste titre l'estime et la vénération de toutes les cours de l'Europe. Si M. l'abbé Frayssinous s'est rendu plus célèbre en prononçant l'oraison funèbre d'un si grand prince, il le doit surtout à la grandeur du sujet qu'il a traité : car les immortels rendront hommage à ses vertus, et les mortels honoreront à jamais sa mémoire. Mais je ne peux me rappeler sans douleur qu'un conquérant ambitieux, qui s'était élevé au rang des plus puissans souverains du monde entier, ait pu flétrir sa mémoire, en faisant assassiner à Vincennes, contre le droit des gens et par une cruauté barbare, le dernier rejeton de l'illustre branche des Bourbons-Condé, qui, par ses talens rares et par son grand mérite, avait déjà commencé de marcher sur les traces éclatantes de ses ancêtres, et les cœurs de tout bon français ont été saignans d'une si horrible tragédie.

Pensionné le 25 août 1789 par Louis XVI, auquel j'avais voué mes services, que j'eusse continués, si mes blessures et mes grandes infirmités n'en avaient arrêté le cours, ou je n'aurais pas survécu à mon légitime souverain. Ce monarque, justement surnommé le bienfaisant, à mon avis, a égalé en bonté Louis XII

4

et Henri IV. L'un fut surnommé l'ami du peuple, et l'autre en fut le père. Louis XVI fut digne d'être l'un et l'autre ; et, par règle de proportion, l'on peut prouver que 16 égalent 12 plus 4. Sur cent princes que l'on a encensés pendant leur vivant, le trépas a brisé leurs autels ; mais Henri IV et ses pareils sont pour toujours immortels. Louis XVI fut le père de la grande famille ; mais hélas ! quel grand nombre d'enfans dénaturés, pour prix de ses vertus, le conduisirent martyr à l'échafaud ! Trop de bonté dégénère en faiblesse ; si nous nous endormons sur un volcan, tôt ou tard il nous engloutit.

Dans tous les tems, le succès des gouvernemens a dépendu du bon choix des ministres. Qu'on se rappelle les Sully, les Colbert, sous les règnes brillans de Henri IV et de Louis-le-Grand.

Les vices et les crimes sont les suites funestes des révolutions, et l'immoralité en est le fruit. O tems ! ô mœurs ! L'adversité, loin d'abattre les grandes ames, ne doit servir qu'à les roidir et à les élever ; elles ne doivent craindre que Dieu et n'avoir point d'autre crainte. J'ai entendu parler, depuis longues années, de liberté ; mais je ne me suis que trop aperçu qu'elle a dégénéré en licence, et que cette indépendance, en nous enchaînant, nous avait affranchi du joug de la vertu. Les Français n'ont que trop éprouvé que le règne de la multitude fut dans tous les tems le siége des passions ; mais, par une fatalité inconcevable, les mauvais exemples nuisent et ne corrigent pas ; et les discordes continuelles qui ont régné depuis 1793 n'ont-elles pas pu présager aux ames bien pensantes et réfléchies un sinistre avenir ? Depuis le commence-

ment de cette fatale révolution, dans quel dédale affreux n'avons-nous pas été plongés? J'ai vu le machia-
vélisme régner en tout lieu; on a poussé l'atrocité
jusqu'à noircir la colombe pour blanchir le corbeau.
Tant de forfaits inouis m'ont fait naître cette idée que
j'exprime par ce dystique :

> Dans ce siècle pervers, par un malheureux sort,
> Le crime toujours veille et l'innocence dort.

Les grands crimes et les grands talens conduisent à
la célébrité. Tôt ou tard le ciel punit le crime et récompense la vertu. J'ai attendu long-tems ma fin sans
la désirer ni la craindre, et je n'ai été que trop convaincu que le crime fait la honte et non pas l'échafaud : les coupables échappent parfois à la justice humaine, mais jamais à la justice divine.

En me reposant sur ma délicatesse, j'ai toujours été
soumis aux lois, et malheureusement pour moi n'ayant
pu contribuer à les faire exécuter, je me suis borné à
les respecter. Fasse le ciel que tous les administrateurs
de toutes les classes de l'ordre social répondent à l'a-
venir à la confiance de notre légitime souverain, et
éloignent à jamais l'arbitraire de leurs fonctions! car
l'on doit observer que les abus ne sont point attachés
aux places, mais à certains individus qui les occupent;
et l'on ne trouve que trop souvent certaines personnes
telles qu'elles sont, et non telles qu'elles doivent être,
et pour lesquelles la reconnaissance est souvent un
fardeau trop pesant, pour ne pas dire que l'ingrati-
titude est à l'ordre du jour.

Puisse désormais ma patrie, sous le gouvernement
sage et équitable de notre légitime souverain, après

tant de perversités et de vicissitudes, éprouver un
avenir plus paisible !

> Quand reviendront ces jours, jours heureux et propices,
> Où les Français s'aimaient en détestant les vices !

En vain contre la monarchie une faction désorgani-
satrice s'est liguée ; le Ciel, en protégeant les Bourbons, leur assurera, en dépit des méchans, la durée
de leur dynastie, et finira par anéantir l'hydre révolutionnaire. Les vœux de tous les bons Français ont
été exaucés, puisque Dieu a donné à la France un
prince héréditaire.

> Aux champs, à la cour, à la ville,
> Nous trouverons des esprits bons
> Auxquels il sera très-facile
> De faire chérir les Bourbons.

Mais je m'aperçois que la prolixité de mes réflexions
morales et politiques m'a fait écarter des bornes ordi-
naires d'une lettre ; je la termine en vous priant, Monsieur le duc, de la lire avec indulgence, et de la communiquer aux vrais amis du Roi et de la monarchie,
et de la faire insérer dans le journal du Moniteur, si
vous l'en jugez susceptible.

En vous priant d'agréer deux de mes imprimés,
soyez bien convaincu qu'on ne peut rien ajouter à la
haute estime et au respectueux dévouement avec lesquels je suis,

Monsieur le duc,

Votre très-humble et très-obéissant
serviteur,

Le Chevalier DE COURS.

CORRESPONDANCE.

RÉPONSE DE M. LE DUC DE LA CHATRE,

PREMIER GENTILHOMME DE LA CHAMBRE DU ROI.

Aux Tuileries, le 13 décembre 1820.

J'ai mis sous les yeux du Roi, M. le chevalier, votre lettre en date du 8 du courant. Sa Majesté a été sensible au zèle, au dévouement et aux sentimens que vous exprimez. Quant à l'insertion au Moniteur, elle n'a jamais lieu que pour les adresses des villes.

Recevez, M. le chevalier, l'assurance de ma considération distinguée.

Le Duc DE LA CHATRE.

RÉPONSE DE M. LE PROCUREUR GÉNÉRAL

DE LA COUR ROYALE SÉANT A RIOM.

Riom, le 17 février 1821.

Monsieur,

Je m'empresse de répondre à votre lettre du 8 du courant, par laquelle vous me faites part du retard qu'éprouve l'affaire qui vous concerne, pendante au tribunal de première instance de Mauriac. Je prends des mesures pour faire cesser vos plaintes, et me ferai un plaisir de vous faire connaître le résultat de mes démarches. Je ne saurais assez vous remercier, Monsieur, de ce que vous avez bien voulu me communiquer deux de vos productions; je les ai lues avec autant de plaisir que d'intérêt, et je les conserverai avec le plus grand soin.

Je vous prie d'agréer l'assurance d'une considération très-distinguée.

PAGÈS.

REPONSE DE Mᵍʳ LE GARDE DES SCEAUX.

Paris, le 22 mars 1821.

Vous vous êtes plaint, Monsieur, du retard qu'éprouvait le jugement d'un procès qui est pendant devant le tribunal de première instance de Mauriac, et qui est relatif à une main-levée d'opposition. Il résulte des renseignemens que j'ai pris que, sur l'opposition formée à la requête de la veuve Bardet, le président du tribunal devant lequel il en avait été référé a ordonné que les poursuites encommencées contre elle seraient suspendues, et a renvoyé devant le tribunal pour connaître du fond de l'affaire ; que cette affaire est actuellement au rôle, mais que son tour n'est pas encore arrivé.

Recevez, Monsieur, l'assurance de mes sentimens distingués.

Pour M. le Pair de France, Sous-Secrétaire d'état
au département de la justice,

DE MAILLIEN.

RÉPONSE DE M. LE DUC D'ESCARS.

J'ai reçu, M. le chevalier, la lettre que vous m'avez fait l'honneur de m'écrire en date du 29 mars.

C'est avec le plus vif regret que je me vois obligé

de vous avouer que je ne puis en aucune manière accepter la commission dont vous me chargez vis-à-vis de Mgr le Garde des sceaux ; je n'ai aucun droit à cet effet.

Agréez, Monsieur, l'assurance de mon parfait dévouement.

Le Duc d'ESCARS.

Tuileries, le 4 avril 1822.

LETTRE

DE Mgr LE CARDINAL DE CLERMONT-TONNERRE, ARCHE-
VÊQUE DE TOULOUSE.

Toulouse, le 22 février 1824.

Monsieur le chevalier,

J'ai reçu, avec la lettre dont vous m'avez honoré le 19 courant, le mémoire imprimé contenant vos titres à obtenir la croix de l'ordre royal et militaire de Saint-Louis, ainsi que les couplets que vous avez faits pour S. A. R. Madame, la duchesse d'Angoulême. Je suis bien flatté et reconnaissant que vous m'ayez jugé digne d'apprécier les sentimens honorables que vous aviez acquis de vos ancêtres, et qui vous ont illustré dans la carrière que vous avez parcourue si noblement. J'ai un grand plaisir à connaître, et j'en aurai beaucoup à citer un nom comme le vôtre, qui a donné à son Roi et à toute sa famille des marques aussi constantes de son dévouement et de sa fidélité. Recevez-en l'hommage particulier de mon estime, M. le Chevalier, ainsi que de tous mes sentimens et de ma considération la plus distinguée.

✝ A.-J. Cardinal DE CLERMONT-TONNERRE,
Arch. de Toulouse.

LETTRE DE M. LE CHEVALIER DE COURS

A M. LE PRÉSIDENT DU TRIBUNAL CIVIL DE PREMIÈRE
INSTANCE DE MAURIAC.

Aurillac, le 8 mars 1824.

Permettez, Monsieur le président, que je rappelle à votre souvenir que j'ai eu l'honneur de me présenter chez vous l'été dernier pour vous faire part d'une vieille affaire concernant mes droits successifs maternels, pendante au tribunal de Mauriac depuis environ quinze ans. J'avais abandonné mes droits maternels sur les biens d'Escorailles, qui auraient pu s'élever à une somme d'environ 60,000 fr., y compris les intérêts depuis le mois d'avril 1755, époque du contrat de mariage de feue ma mère, fille du dernier baron d'Escorailles. La transaction eut lieu chez Me Charmes, notaire à Aurillac, moyennant une pension annuelle et viagère de 800 fr., portée par deux actes notariés. Il m'est dû en ce moment environ 10,000 fr. d'arrérages, et le tribunal de Mauriac, après plusieurs démarches de ma part et comparutions, a jugé le 27 juin 1821 que l'opposition de la veuve Bardet à la saisie-exécution faite à ma requête était mal fondée, et que les poursuites encommencées par moi seraient continuées ; et l'a condamnée aux dépens, attendu que dans l'acte passé devant de Murat-Fontenille, notaire, elle s'était obligée solidairement avec son mari. A cet égard, ses biens extra-dotaux ont pu s'élever à plus de 50,000 fr. Me Rongier, mon avocat, pressé par moi de faire exécuter ledit jugement du 27 juin, m'a annoncé une nouvelle opposition à une autre saisie-exécution qu'il avait fait faire à ma requête ; et, en novembre 1822, il m'a instruit d'une nouvelle sentence qui maintenait madame Bardet dans son opposition, et me condamnaît aux dépens. Je n'ai rien pu concevoir à sa manière de diriger mes affaires, sinon qu'à faire beaucoup de frais frustratoires. Notamment il m'a engagé, il y a plusieurs années, de lui faire passer un pouvoir pour la prise au corps contre le nommé Alsac, alors fermier, obligé par le susdit acte de me payer annuellement ma rente viagère ; il m'avait consenti pour les arrérages des lettres de change d'environ 2,000 fr., tirées sur Aurillac, où il fut condamné en 1816 par corps au tribunal de commerce. Quoique j'eusse annoncé à Mᵉ Rongier d'imputer sur les frais qui lui étaient dus le premier remboursement qu'il ferait opérer, malgré mes fréquentes lettres et sollicitations, je n'en suis pas plus avancé ; il m'a prouvé à cet égard que les absens ont toujours tort, quoiqu'ils soient fort innocens.

Quant à la demande en résolution du traité, dont la rente viagère était le prix, en date du même jour de la transaction, quoiqu'il y eût novation, j'attends depuis trois ou quatre ans qu'on me fasse rentrer dans mes droits, faute de paiement des arrérages de rente, le sieur Bardet n'ayant pu traiter avec moi que *in uxorio nomine*. Heureusement pour moi, j'ai été au-dessus des besoins, sans quoi le tribunal de Mauriac m'aurait fait éprouver à-la-fois tout l'odieux de l'injustice et de l'inhumanité, en éternisant des incidens de la part de débiteurs que le sieur Rongier, dans ses lettres, ne cesse de traiter de mauvaise foi et de fraude. De pareilles lenteurs et inexactitudes à rendre justice pourraient exciter des plaintes et murmures, et occasionner un entier découragement parmi les cliens, ce qui nuirait à l'ordre social, en paralysant le cours des lois et de la justice.

Persuadé, Monsieur, de votre intégrité et de votre zèle à maintenir le bon ordre et à faire exécuter les lois, j'ose espérer que vous voudrez bien faire oublier les abus trop révoltans tolérés par votre prédécesseur, abus qui ont été d'autant plus nuisibles aux malheureux indigens, qui peuvent proclamer que la justice est un beau mot, mais c'est lorsqu'elle est rendue. J'espère que dans peu je pourrai éprouver la douce satisfaction de vous témoigner ma vive reconnaissance pour les soins que vous voudrez bien prendre à examiner cette procédure, et me rendre une prompte justice. Les partisans de l'équité applaudiront à votre exactitude, et je me ferai un plaisir et un devoir de citer aux autorités supérieures un président aussi zélé qu'impartial dans ses fonctions.

J e vous prie d'agréer, Monsieur le président, les sentimens de mon estime et de ma parfaite considération.

Le Chevalier DE COURS.

Cette lettre est restée sans réponse.

LETTRE

DE Mᵍʳ LE MARQUIS DE CLERMONT-TONNERRE, MINISTRE SECRÉTAIRE D'ÉTAT AU DÉPARTEMENT DE LA MARINE ET DES COLONIES.

Paris, le 25 mars 1824.

Monsieur le chevalier,

J'ai reçu les deux imprimés que vous m'avez fait l'honneur de m'adresser. J'ai transmis à Mᵍʳ le Ministre de la guerre votre mémoire pour obtenir la croix de Saint-Louis; cette affaire le concernant exclusivement, je désire qu'il lui soit possible d'y avoir égard.

Recevez, M. le chevalier, l'assurance de ma parfaite considération.

Le Marquis DE CLERMONT-TONNERRE.

RÉPONSE DE M. LE CHEVALIER DE COURS

A Mgr LE MARQUIS DE CLERMONT-TONNERRE.

Aurillac, le 1er avril 1824.

Monseigneur,

J'ai reçu la réponse dont vous avez bien voulu m'honorer, en date du 25 mars, et j'ai été on ne peut pas plus sensible à la bonté que vous avez eue de transmettre à Mgr le Ministre de la guerre mon mémoire pour obtenir la croix de Saint-Louis. Je m'adresse à ce Ministre par ce même courrier. Persuadé de votre désir de m'obliger, permettez que je supplie votre Excellence de vouloir bien de suite joindre votre recommandation à ma demande auprès de lui ; trouvez bon que je vous transmette ici copie de la lettre très-obligeante que Mgr le cardinal de Clermont-Tonnerre m'a adressée en réponse à la mienne. La grande vénération que j'ai toujours eue pour tous ceux qui portent un nom si illustre, m'avait déterminé à lui adresser mes réflexions morales et politiques ; j'ose espérer que dans peu, aidé de votre appui, le Ministre de la guerre aura égard à mon zèle et à mon dévouement à la dynastie des Bourbons, et aux titres authentiques dont mon mémoire est revêtu. En réclamant votre protection, mes meilleurs titres auprès de vous sont mes infirmités, votre indulgence et ma fidélité constante à notre légitime monarque. Ma reconnaissance envers vous, Monseigneur, sera sans bornes. C'est dans ces sentimens que je prie votre Excellence d'agréer l'hommage de la haute estime et de la très-respectueuse considération, avec lequel je suis, etc.

Le Chevalier DE COURS.

RÉPONSE DE M. LE CHEVALIER DE COURS

A S. ÉM. LE CARDINAL DE CLERMONT-TONNERRE.

Aurillac, le 2 avril 1824.

Monseigneur,

J'ai reçu dans son tems la lettre dont votre Em. a voulu m'honorer. L'expression est trop au-dessous du sentiment, pour que je puisse vous témoigner ma vive reconnaissance et l'effet qu'elle a produit sur ma sensibilité. Je viens de recevoir à l'instant une réponse de S. Exc. le Ministre de la marine, qui m'annonce que le Ministre de la guerre est chargé exclusivement de faire droit à ma demande pour la croix de l'ordre royal et militaire de Saint-Louis, en m'ajoutant qu'il désire qu'il lui soit possible d'y avoir égard. Persuadé de la bonté qui caractérise votre Em., je vous supplie de vouloir bien faire parvenir de suite votre recommandation à S. Exc. le Ministre de la marine, pour l'engager à m'être favorable auprès du Ministre de la guerre.

Permettez, Monseigneur, que je joigne au bas de ma lettre une de mes productions improvisées, en vous priant d'en agréer la dédicace, comme un faible tribut que je dois à une Eminence aussi estimable que respectable. Je m'estimerai trop heureux d'être redevable à votre recommandation du succès de ma demande, si l'on m'en trouve digne par mon dévouement et ma fidélité à la dynastie régnante. Cette indulgence de votre part peut ajouter à ma sensibilité, mais rien de plus à la très-grande estime et à la profonde vénération avec lesquelles je suis, etc.

Le Chevalier DE COURS.

LETTRE DE Mᵍʳ MACDONALD,

DUC DE TARENTE, MARÉCHAL DE FRANCE, GRAND-CHANCE-
LIER DE LA LÉGION D'HONNEUR.

Paris, le 8 mai 1824.

J'ai reçu, M. le chevalier, la lettre que vous m'avez fait l'honneur de m'écrire, pour solliciter la décoration de la Légion d'honneur. Je regrette de ne pouvoir présenter votre demande au Roi ; mais, d'après les dispositions de l'ordonnance du 26 mars 1816, elle rentre dans les attributions du Ministre de la guerre, et je l'ai transmise à S. Exc. avec les pièces qui y étaient jointes.

Recevez, M. le chevalier, l'assurance de ma parfaite considération.

Le Grand-Chancelier de l'ordre royal de la Légion d'honneur,

MACDONALD.

LETTRE DE M. LE CHEVALIER DE COURS

A S. EXC. Mᵍʳ LE MARQUIS DE CLERMONT-TONNERRE,
MINISTRE SECRÉTAIRE D'ÉTAT AU DÉPARTEMENT DE LA
GUERRE.

Aurillac, le 25 octobre 1824.

Monseigneur,

Par la lettre dont votre Exc. a bien voulu m'honorer le 25 mars dernier, vous m'avez annoncé que ma demande pour la croix de l'ordre royal et militaire de

Saint-Louis dépendait exclusivement de S. Exc. le
Ministre de la guerre. Ayant appris par les papiers
publics que S. M. Charles X, modèle des chevaliers
français, devait accorder au 4 novembre prochain une
grande quantité de croix de Saint-Louis, en ayant
déjà donné un certain nombre ces jours derniers à des
officiers en retraite à l'Hôtel-des-Invalides ; je me
rappelle avec plaisir que S. M. Charles X, alors Monsieur, à qui j'avais adressé ma demande, la recom-
manda particulièrement à S. Exc. le duc de Feltre,
qui m'en instruisit de suite par sa lettre du 22 janvier
1817, et que mes titres étaient déposés au bureau de
la maison militaire du Roi et des décorations, en m'a-
joutant que l'intention du Roi était pour le moment
de n'accorder de décoration qu'aux officiers en activité de service. J'ai appris avec bien de la satisfaction
votre changement au département de la guerre, étant
persuadé que vous voudrez bien avoir égard à un ancien officier, privé de la vue et couvert de blessures,
qui a complété sous les mêmes drapeaux plus d'un
siècle et demi de service, de père en fils, comme vous
pourrez le voir constaté dans les pièces authentiques
que j'ai l'honneur de vous adresser. J'ose espérer que
mes titres ne sauraient être placées en meilleures mains
que celles de votre Exc. ; en faisant connaître au Roi
un de ses plus dévoués sujets, et, comme me l'a dit
S. Em. Mᵍʳ le cardinal archevêque de Toulouse dans
la lettre dont il m'a honoré, en date du 22 février :
« qu'il avait eu un grand plaisir à connaître, et qu'il
en aurait beaucoup à citer un nom qui avait donné à
son Roi et à toute sa famille des marques si constantes
de son dévouement et de sa fidélité. » Des blessures,
la perte de ma vue, huit années de campagne, l'ap-
probation de plusieurs officiers généraux, sont mes
titres à une décoration dont mes ayeux ont été récom-
pensés depuis la fondation de l'ordre de Saint-Louis.
En priant votre Exc. de lire avec attention et indulgence mon mémoire ci-joint, revêtu des signatures les

plus marquantes, elle y verra que ma demande a été oubliée depuis 1791 dans les bureaux de la guerre; je désire que ceux que j'ai l'honneur d'adresser à S. Exc. n'éprouvent pas le même sort, pouvant m'être utiles ou à ma famille. En réclamant vos bontés et votre indulgence, mes meilleurs titres sont mes infirmités et une très-mauvaise santé occasionnée par mes campagnes, et surtout un zèle et un dévouement constant à la branche régnante des Bourbons. Je vais livrer à l'impression un manuscrit dans lequel je supplie Sa Majesté d'en agréer la dédicace, et dans lequel on verra que Louis-le-Désiré, regretté de tout bon français, me fit témoigner par M. le duc de La Châtre combien il était sensible à mon zèle, à mon dévouement et à l'expression de mes sentimens. J'ose me flatter, Monseigneur, qu'avec votre appui je serai compris parmi les officiers qui vont être décorés à la Saint-Charles. En vous priant d'agréer de nouveau un de mes imprimés, agréez aussi l'hommage de la haute estime et du profond respect avec lequel je suis, etc.

Le Chevalier DE COURS.

RÉPONSE

DE S. EXC. LE MINISTRE SECRÉTAIRE D'ÉTAT DE LA GUERRE.

Paris, le 10 novembre 1824.

Monsieur le chevalier,

J'ai reçu votre demande de la croix de Saint-Louis; et j'ai l'honneur de vous informer que, d'après la législation actuelle de l'ordre, vous ne pouvez être l'objet d'une proposition au Roi, ne réunissant pas 24 ans de service effectif en qualité d'officier.

Je regrette vivement que des obstacles insurmonta-
bles s'opposent au succès de vos sollicitations.

J'ai l'honneur d'être, Monsieur le chevalier,

Votre très-humble et très-obéissant serviteur,

Pour le Ministre et par son ordre :

Le Conseiller d'État Directeur général,

Comte DE COETLOSQUET.

QUATRAINS *en vers héroïques sur le deuil de* LOUIS XVIII
dans toutes les Cours de l'Europe , et sur l'entrée de
CHARLES X *à l'Hôtel-Dieu et à l'Hôtel royal des In-*
valides.

Aux mânes de Louis l'Europe rend hommage ;
A Charles il traça le chemin de l'honneur.
Louis par ses talens des rois eut le suffrage,
Charles par ses bienfaits fera notre bonheur.

Implorant ses bontés ainsi que sa clémence,
J'ose encore espérer d'avoir pour récompense
De ce roi bienfaisant une décoration :
L'obtenir comme grâce est ma seule ambition.

AU ROI CHARLES X,

DIT LE BIEN-AIMÉ, L'HONNEUR DES CHEVALIERS.

Heureux le souverain dont la main fortunée
A su par des bienfaits signaler sa journée !

COPIE DU TESTAMENT

DE M. LE CHEVALIER DE COURS,

RÉDIGÉ PAR LUI-MÊME.

L'AN 1823, et le onze juin, en la ville d'Aurillac, par-
devant nous Guillaume Geneste, notaire royal, résidant en
ladite ville, soussigné; présens les quatre témoins quali-
fiés à la clôture, aussi soussignés; a été présent sieur Jean
de Meallet, chevalier de Cours, propriétaire, ancien capitaine d'infanterie, pensionné par Louis XVI, habitant de
la ville d'Aurillac, lequel jouissant du libre exercice de
toutes ses facultés intellectuelles, nous a requis de recevoir
son testament que nous, susdit notaire, avons écrit de
notre main, tel qu'il nous l'a dicté lui-même, ainsi qu'il
suit :

1º Je donne et lègue la somme de deux cents francs à
chacune des trois églises de Saint-Geraud, de Notre-
Dame-aux-Neiges de la ville d'Aurillac, et de la commune
de Sénezergues, dont moitié sera employée aux besoins
desdites églises, et l'autre moitié en messes basses à chacune d'icelles pour le repos de mon ame, immédiatement
après mon décès.

2º Je donne et lègue la somme de cent francs, pour être
distribuée par égale portion à deux cents pauvres des deux
paroisses d'Aurillac, qui assisteront à mon convoi funèbre, et cent francs aux pauvres honteux de la commune
de Sénezergues; lesquels deux cents francs seront distri-
bués par les pasteurs respectifs desdites églises de suite
après mon décès.

3º Je donne et lègue la somme de cinq cents francs aux

5

dames de Saint-Vincent-de-Paul d'Aurillac, pour être
employée à soulager les pauvres honteux de ladite ville,
laquelle somme sera payée à raison de cent francs par an,
à la fin de chaque année, après mon décès; et il sera jus-
tifié au bureau de charité de l'emploi qui en aura été fait.
Je lègue de plus auxdites dames de Saint-Vincent-de-Paul
la somme de trois cent soixante francs, pour être employée
à habiller douze pauvres de tout sexe, des plus nécessiteux,
payable sitôt après mon décès.

4° Je donne et lègue à M. Louis de Meallet de Faulat
fils, mon proche parent de même nom, par l'amitié que
j'ai vouée dans tous les tems à M. de Faulat, son père,
ancien capitaine d'infanterie, à condition qu'il joindra le
nom de De Cours à celui de Faulat, la somme de douze
mille francs, payable dans les deux ans après mon décès;
de plus mes héritiers lui remettront mon argenterie et mes
bijoux.

5° Par l'estime et la considération que j'ai vouées à
M. du Verdier de Marsillac, ancien lieutenant-colonel de
dragons, chevalier de Saint-Louis et maire de la commune
de Sansac-Marmiesse, y habitant, la somme de deux mille
francs; plus celle de mille francs à Mademoiselle Octavie
de Marsillac, sa fille aînée, payable dans les deux ans
après mon décès.

6° Je lègue à M. Jérôme de Marsillac, médecin, tout
ce qui m'est dû par le sieur D.-Honoré Lanzac de Mon-
logis, en capital, intérêts et frais considérables, sans éviction ni garantie, persuadé que M. Jérôme de Marsillac en
obtiendra plus facilement le paiement, en sa qualité de
beau-frère dudit Lanzac et gendre de la douairière Mon-
logis, née du Terrieu.

7° Je lègue à M. Buthel, ancien maire de la Charité-
sur-Loire, et en cas de décès, à son héritier, la somme

de cinq cents francs, en reconnaissance d'un service qu'il me rendit en mai 1789, laquelle somme lui sera payée dans l'an de mon décès.

8o Je lègue les débris de ma bibliothèque qu'on m'a rendus, à l'administration du collége d'Aurillac ; mes héritiers les délivreront dans les six mois de mon décès.

9o Je donne et lègue la somme de douze cents francs, à titre de dotation, pour établir quatre des plus vertueuses filles de la commune de Sénezergues, dont deux seront choisies de préférence dans le village de Cours par le maire et le pasteur de ladite commune : cela sera payé dans l'espace de deux ans après mon décès, à raison de trois cents francs à chacune desdites filles.

10o Je donne et lègue la somme de deux cents francs annuellement, à titre de fondation perpétuelle, à une institutrice du choix du maire et du desservant de la paroisse de Sénezergues, pour apprendre à lire ou même à écrire, si on le juge à propos, aux enfans de tout sexe, natifs de ladite commune de Sénezergues ; ladite somme commencera à courir dans le mois après mon décès, et sera payée de trois en trois mois par mes héritiers.

11o Je lègue à Catherine Laveissière, ma domestique, une pension annuelle et viagère de trois cents francs, payable soixante-quinze francs par trimestre et d'avance, sa vie durant, à compter du jour de mon décès, déclarant qu'il ne lui est dû aucun salaire arriéré ; de plus je lui lègue deux lits, une commode, une table et trois chaises, lesquels meubles sont à ma maison de Cours, dans l'appartement où je couche, mes habits et tout mon linge ; en outre je lui délaisse la jouissance pendant sa vie d'une chambre à son choix dans ma maison sise rue des Dames ; j'entends que les différens legs que je fais à ladite

Catherine Laveissière n'auront lieu qu'autant qu'elle sera à mon service à l'époque de mon décès.

A l'égard de tous mes autres biens tant mobiliers qu'immobiliers, ainsi que de toutes mes créances quelconques, arrérages de rente, et généralement de tout ce dont je mourrai saisi, en quoi que ce puisse être et consister, créances, titres, biens-fonds et propriétés; je nomme et institue pour mes héritiers et légataires généraux et universels : Mademoiselle Henriette Meallet de Cours, ma nièce, habitant au château de Cours, commune de Sénezergues ; Madame veuve Bonafos, née La Serre, habitant au château de La Mothe, commune de Mourjou ; M. du Verdier de Marsillac, ancien lieutenant-colonel de dragons, chevalier de Saint-Louis et maire de la commune de Sansac-Marmiesse, habitant à Vérières ; M. Louis Vigier, président du tribunal, administrateur de l'hospice, habitant à Aurillac ; M. François Martin, sous-diacre, administrateur de l'hospice, demeurant à Aurillac, et M. Pierre Beynaguet aîné, négociant et juge du tribunal de commerce d'Aurillac, y habitant. Dans le cas où un ou plusieurs des ci-dessus nommés pour mes héritiers vinssent à me prédécéder, et même en cas de refus d'un ou plusieurs d'entr'eux, je veux et entends que les survivans et acceptans soient seuls mes uniques héritiers, aux charges et conditions suivantes :

A la charge premièrement, et par exprès par les susdits héritiers, d'acquitter tous legs mentionnés dans les onze numéros ci-dessus.

Secondement, ils seront tenus, sous peine d'être totalement déchus de ma succession, de faire recevoir à perpétuité, dans l'an de mon décès, à l'hospice d'Aurillac, aux clauses et conditions ci-après, vingt pauvres, dont deux seront pris dans la commune de Sénezergues, au

choix du desservant et du maire de ladite commune, et
les dix-huit autres, qui seront présentés par lesdits héritiers à l'administration dudit hospice, seront choisis 1° parmi
les aveugles, 2° parmi les militaires estropiés, 3° parmi
les infirmes ou vieillards caducs. Mes héritiers inviteront
à cet effet MM. les administrateurs de l'hospice à fournir
aux vingt individus admis, pour leur logement, une salle
commode et salubre pour eux seuls, sur la porte de laquelle il sera écrit en gros caractères : *Salle de providence
pour les Incurables.* J'entends que ces pauvres y soient lo-
gés, nourris, soignés et entretenus tant en santé qu'en ma-
ladie. Mes héritiers engageront MM. les administrateurs
à faire bien. traiter les vingt pauvres dans ledit hospice.
Pour l'exécution de ce dessus, mes héritiers seront tenus
de payer pour les vingt individus admis à l'hospice de la
ville d'Aurillac une rente annuelle et perpétuelle de la
somme de cinq mille francs, laquelle rente de cinq mille
francs commencera à courir du jour de mon décès, et
sera prise sur mes propriétés et sur mes créances les plus
solides.

Troisièmement, mes héritiers remettront à l'hospice
mon portrait, pour être placé dans la salle de l'administration ; ils pourront même faire placer dans l'église dudit
hospice, ou dans la salle des incurables, ou dans la salle
d'administration, au choix de MM. les administrateurs,
mon buste en marbre blanc et en profil, en mémoire du
bienfaiteur, avec cette inscription au bas du buste en caractères très-apparens :

Jean chevalier de Cours, fatigué de son sort,
Ayant cessé d'y voir, son destin fut à plaindre ;
Trahi par des ingrats, il sut braver la mort :
Qui n'a point fait de mal n'a dû jamais la craindre.

Cette inscription contiendra au-dessous la date de la naissance, de la retraite et du décès du bienfaiteur : né le premier mai 1758, capitaine - commandant retraité le 25 août 1789, puis le jour du décès.

Quatrièmement, je veux que mes héritiers paient une somme annuelle de cent cinquante francs pour la fondation à perpétuité d'une messe, à l'heure de midi, dans l'église de l'hospice d'Aurillac, les jours de dimanches et fêtes solennelles seulement, à l'intention du fondateur et pour la commodité des voyageurs.

Cinquièmement, demeurent expressément chargés mesdits héritiers de servir la pension alimentaire de trois cents francs à la dame Rosalie Boissieux, déclarant que je ne lui dois rien de plus que le courant de ladite pension, et ne lui ai jamais consenti aucun autre avantage.

Sixièmement, je délaisse, pour en hériter par égale portion, à Mlle Henriette de Cours, ma nièce, habitant à Cours ; à MM. Charles Vigier, avocat ; François Martin, administrateur de l'hospice, et Louis Devèze-de-la-Joyeuse, avocat, tous trois habitans de la ville d'Aurillac ; et en cas de prédécès de l'un d'eux, aux survivans, sans éviction ni garantie, à la charge par eux d'en faire les poursuites et le recouvrement ; je leur délaisse, dis-je, tout ce qui peut m'être dû de mes droits successifs maternels par les héritiers de feu M. d'Humière, baron d'Escoraille, dont les intérêts me seront dus depuis le mois d'avril 1755, époque du contrat de mariage de feue ma mère Anne d'Escoraille, décédée ainsi que sa mère *ab intestat;* au cas de la résolution du traité passé par-devant feu Charmes, notaire, le 15 novembre 1804, entre M. d'Humière, son gendre, mon frère et moi, faute par les héritiers d'avoir servi la rente viagère de huit cents francs, qui était le prix de la transaction en date du même jour, dont les arrérages me sont dus depuis environ dix ans. Toutes pièces à l'appui et la consultation sont depuis long-tems entre les mains de M⁰ Rongier, avocat à Mauriac ; j'autorise les quatre sus-nommés à faire rentrer les droits maternels à moi dus, tant en capital qu'accessoires, à l'époque de mon décès, comme étant devenu leur acquit par le recouvrement qu'ils ont droit de faire à mon lieu et place.

Je nomme pour mes exécuteurs testamentaires M. et Madame de Meallet de Faulat, habitant à Faulat, commune de Marcolès. Si, ce que je ne présume pas, mes héritiers venaient à déroger et contrevenir à mes volontés et dispositions, dans ce cas imprévu, j'institue M. et Madame de Meallet de Faulat pour mes légataires généraux et universels de tous les biens dont je mourrai saisi, à la charge par eux d'acquitter les onze legs par moi faits et ci-dessus numérotés ; j'en excepte seulement mes droits maternels encore en litige, et délaissés aux quatre héritiers par moi désignés, qui en feront les poursuites.

Je casse et révoque tous autres testamens que je puis avoir faits antérieurement au présent, et veux que celui-ci soit seul exécuté, comme renfermant mes dernières et uniques volontés. C'est ainsi que ledit testateur a fait son testament, qu'il a dicté lui-même, mot à mot, à moi dit notaire, qui l'ai écrit de ma main, et l'ai lu de suite à haute et intelligible voix à M. le chevalier de Cours, testateur, en présence de MM. Louis Brieude, secrétaire du préfet de ce département ; Alexandre-César-Louis d'Anterroche, secrétaire-général de la préfecture de ce département du Cantal ; Jacques-Joseph Aymar, propriétaire et négociant, et juge au tribunal de commerce dudit Aurillac, et Pierre Caulet, directeur des postes du département du Cantal, tous quatre habitant de la ville d'Aurillac et témoins pour ce requis, dont acte.

Fait et passé audit Aurillac, en l'étude dudit Me Geneste, notaire, le 11 juin 1823. Lesdits témoins et le testateur ont signé avec nous dit notaire, après lecture faite
de tout le contenu du présent testament. (*A la minute sont
les signatures*).

⦿⦿⦿⦿⦿⦿⦿⦿

Que le sort contre moi redouble ses rigueurs,
Dans tous les tems j'ai su supporter mes malheurs ;
Accablé par les ans, les revers, l'infortune,
Je veux à des bienfaits consacrer ma fortune :
Que la parque Atropos, par son fatal arrêt,
Termine mes vieux jours ; je l'attends, je suis prêt.
Aux traîtres, aux méchans, aux ingrats, je pardonne,
N'ayant jamais su faire aucun tort à personne,
Mais si mon nom devient cher à l'humanité,
Je peux revivre au sein de l'immortalité.

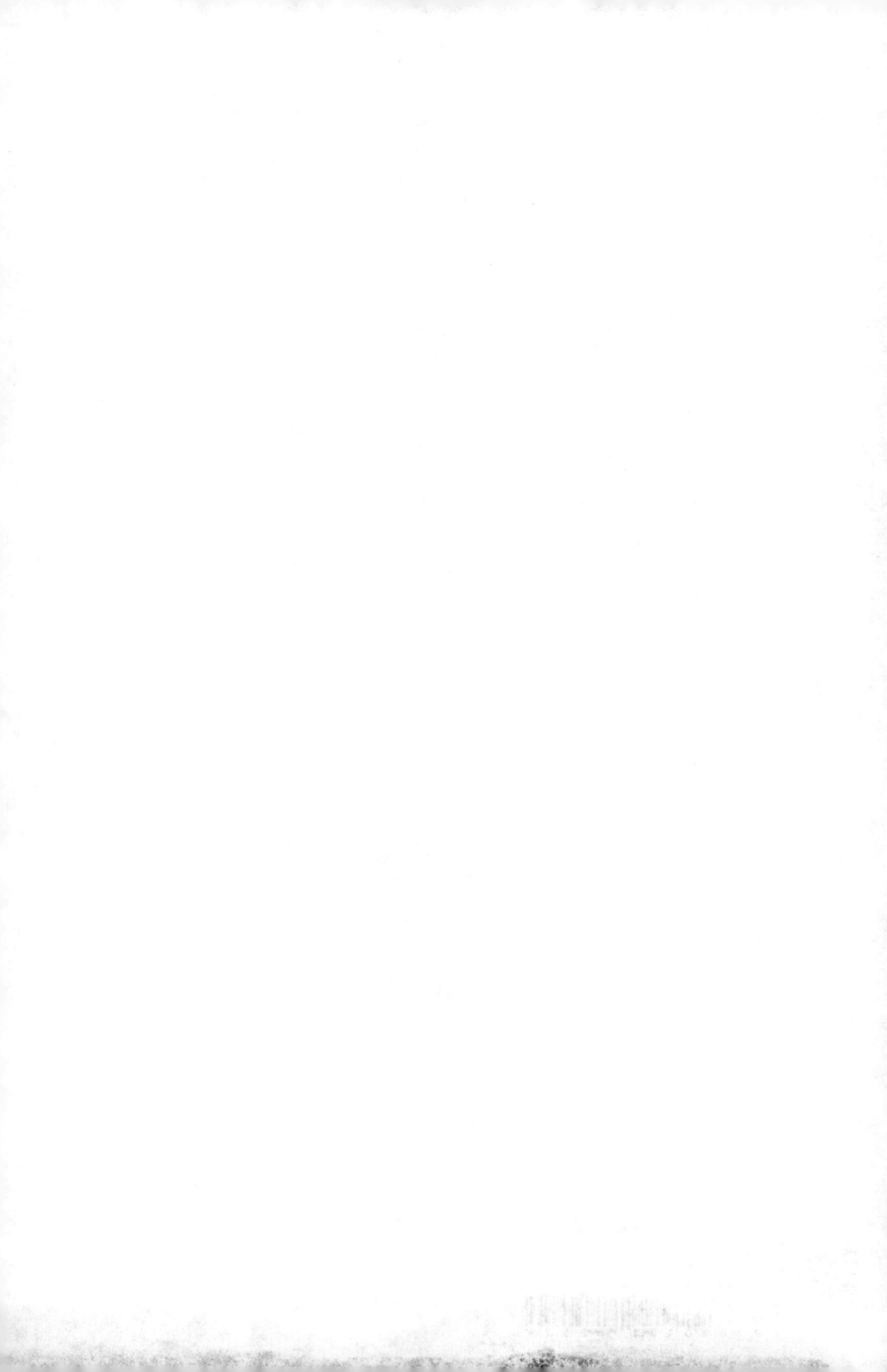

www.ingramcontent.com/pod-product-compliance
Lightning Source LLC
La Vergne TN
LVHW051503090426
835512LV00010B/2308

* 9 7 8 2 0 1 2 1 6 6 2 5 7 *